expresiones en matemáticas

HMH

Dra. Karen C. Fuson

Haz la tarea y recuerda

Grado K

Volumen 2

This material is based upon work supported by the
National Science Foundation
under Grant Numbers
ESI-9816320, REC-9806020, and RED-935373.

Any opinions, findings, and conclusions, or recommendations expressed in this material are those of the author and do not necessarily reflect the views of the National Science Foundation.

HMH

Printed in the U.S.A.

ISBN 978-1-328-52019-7

5 6 7 8 MP 27 26 25 24

4500883841 A B C D E F G

4-2
Haz la tarea

Nombre ______________________________

Completa las partes para completar la ecuación de partes.

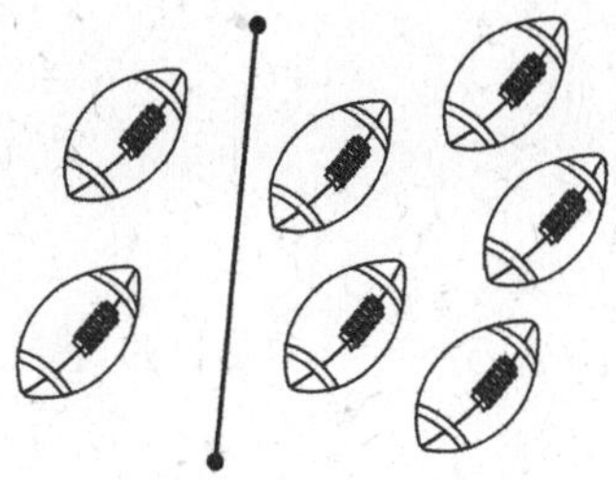

$7 = \square + \square$

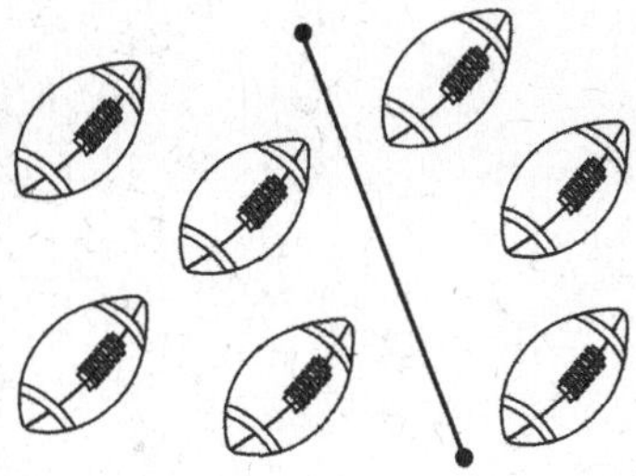

$7 = \square + \square$

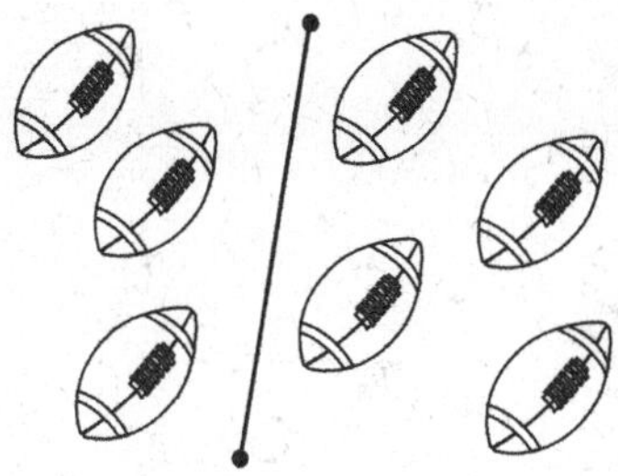

$7 = \square + \square$

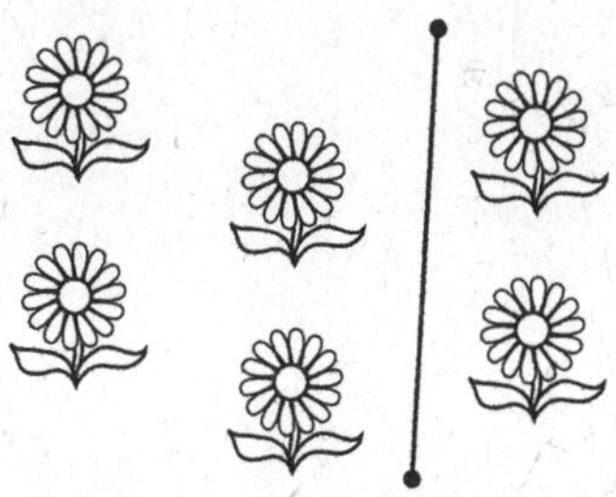

$6 = \square + \square$

$6 = \square + \square$

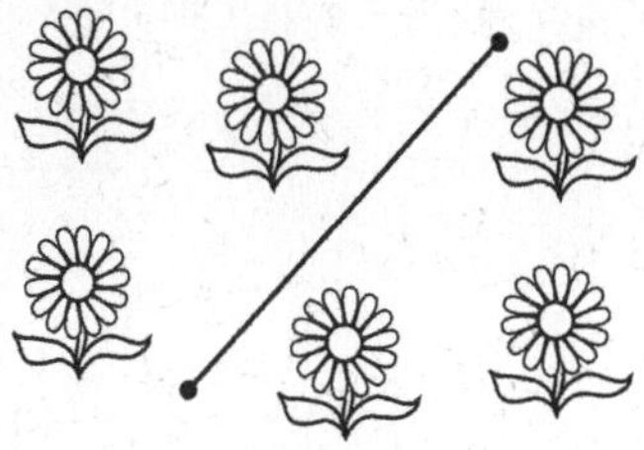

$6 = \square + \square$

$10 = \square + \square$

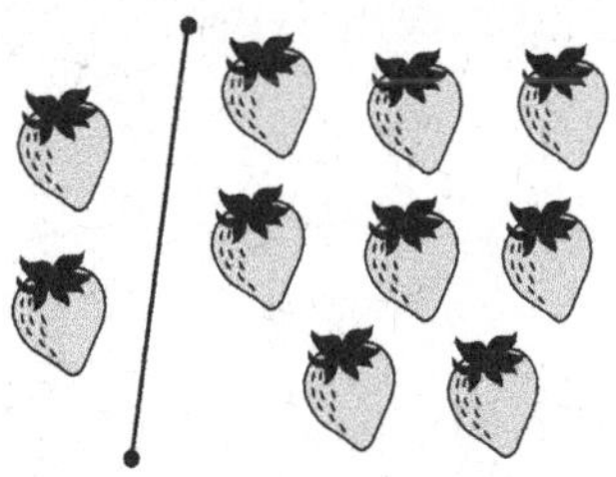

$10 = \square + \square$

En la siguiente página Haz un dibujo para la ecuación 7 = 6 + 1.

Nombre

Nombre ______________________

Dibuja una línea para mostrar las partes. Escribe las partes.

10 = ☐ + ☐

10 = ☐ + ☐

10 = ☐ + ☐

10 = ☐ + ☐

10 = ☐ + ☐

10 = ☐ + ☐

10 = ☐ + ☐

10 = ☐ + ☐

10 = ☐ + ☐

Nombre ______________________________

Haz un dibujo para mostrar 10 + 2.

Haz un dibujo para mostrar 10 + 5.

4-4
Haz la tarea

Nombre ____________________

Escribe las partes.

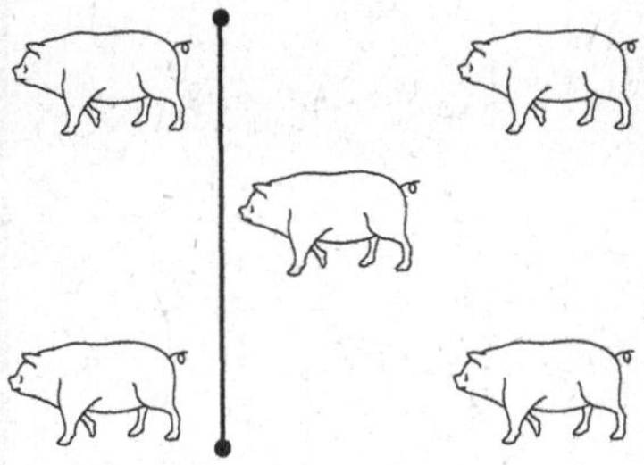

5 = ☐ + ☐

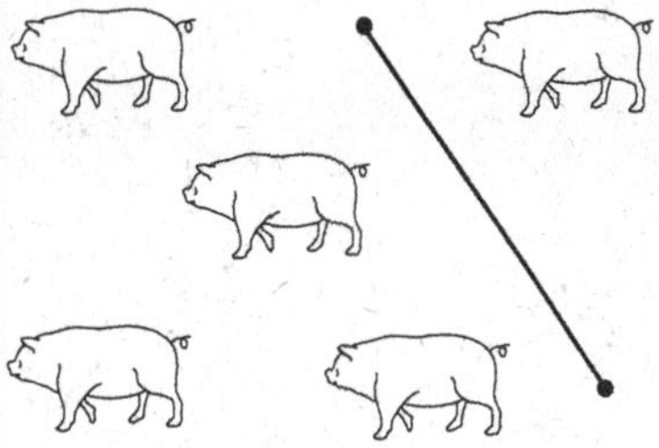

5 = ☐ + ☐

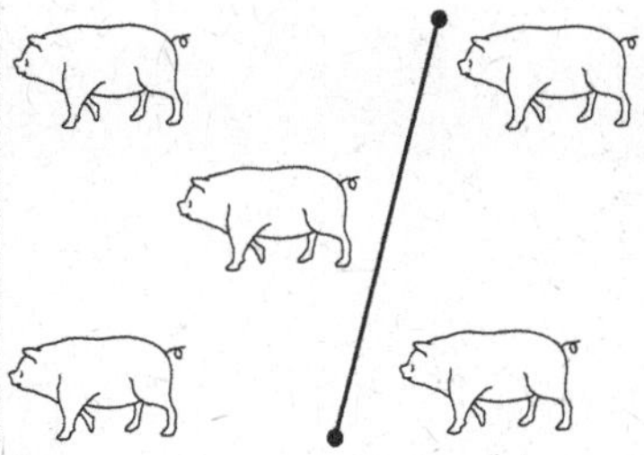

5 = ☐ + ☐

6 = ☐ + ☐

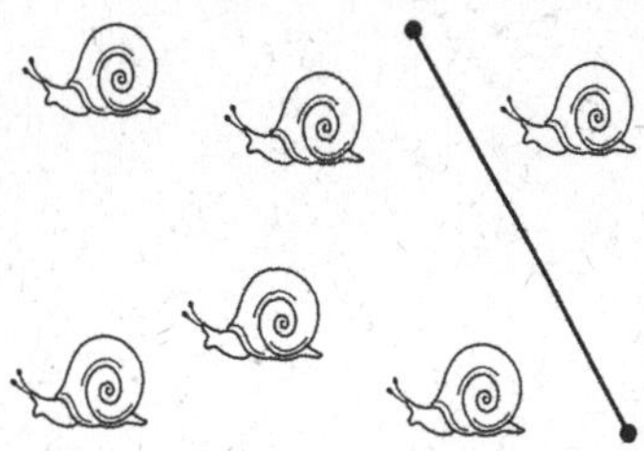

6 = ☐ + ☐

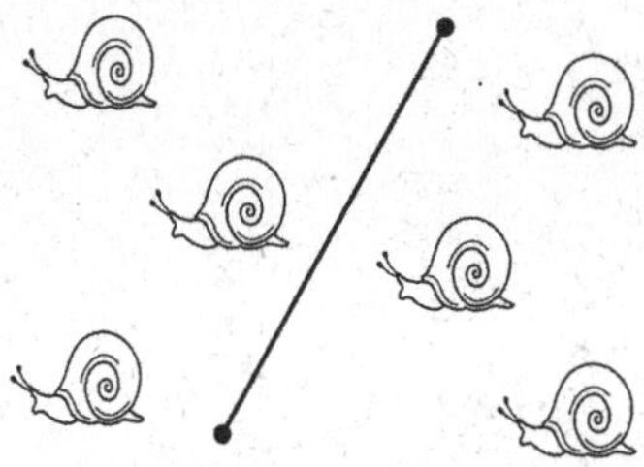

6 = ☐ + ☐

4 = ☐ + ☐

4 = ☐ + ☐

En la siguiente página Haz un dibujo para la ecuación 6 = 2 + 4. Dibuja la barra para separar.

Nombre

4-7
Haz la tarea

Nombre ____________________

Escribe las partes.

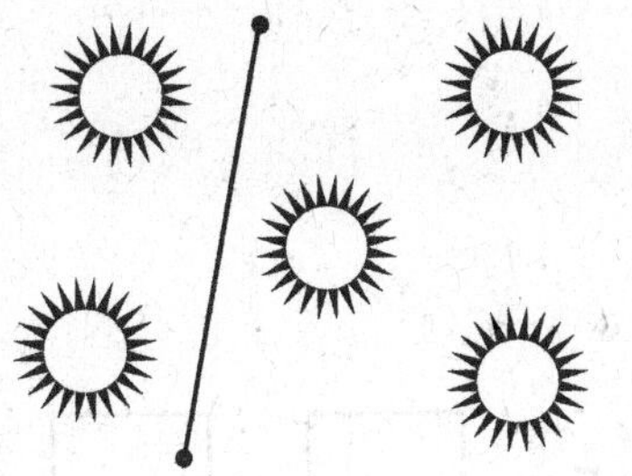

5 = ☐ + ☐

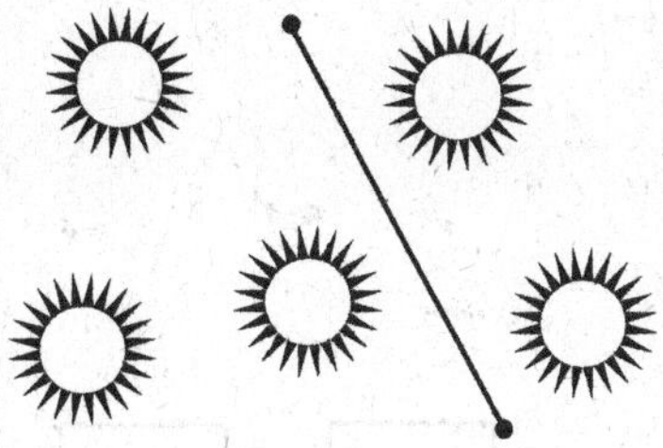

5 = ☐ + ☐

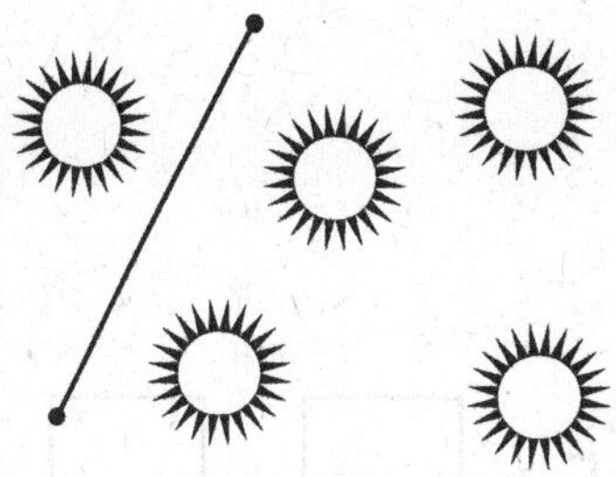

5 = ☐ + ☐

6 = ☐ + ☐

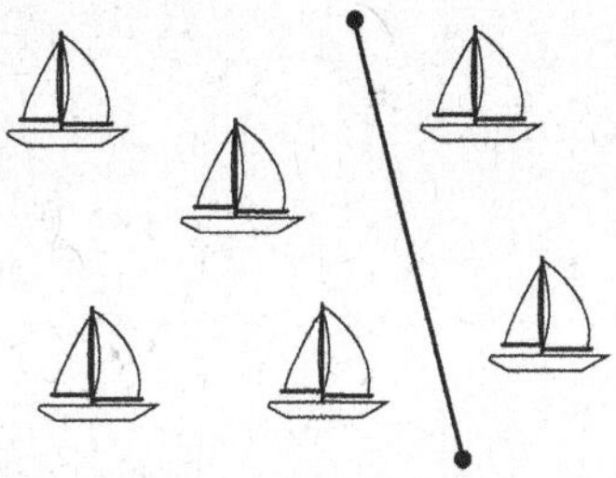

6 = ☐ + ☐

6 = ☐ + ☐

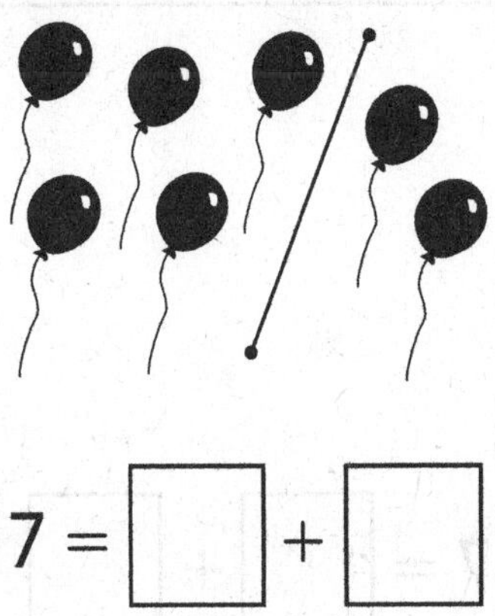

7 = ☐ + ☐

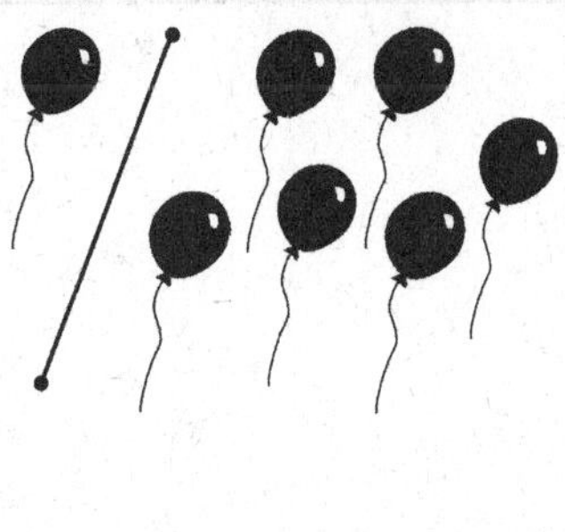

7 = ☐ + ☐

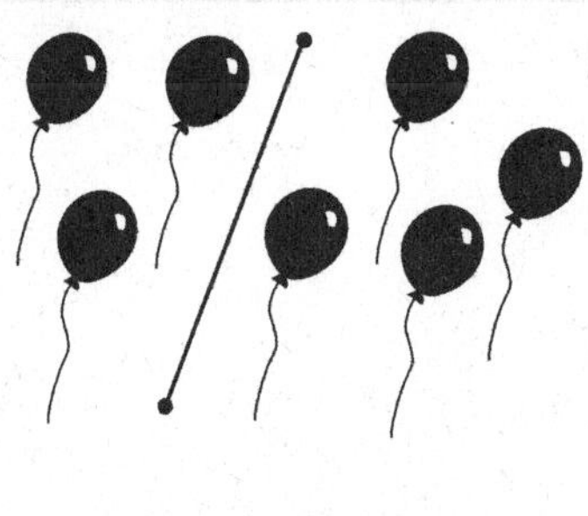

7 = ☐ + ☐

En la siguiente página Haz tus propios dibujos de las partes. Escribe las partes.

Nombre ____________________

5 = ☐ + ☐

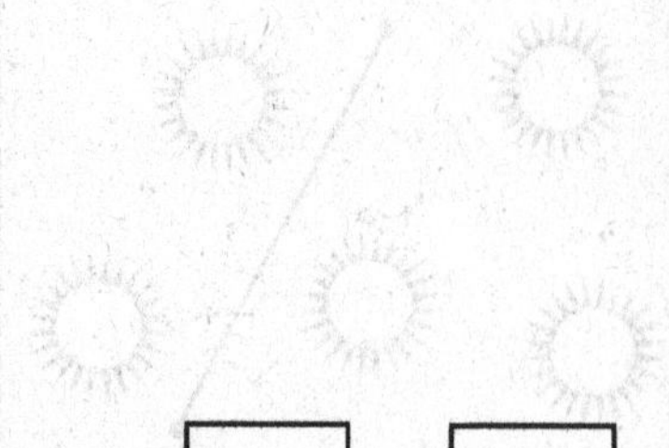

5 = ☐ + ☐

5 = ☐ + ☐

6 = ☐ + ☐

6 = ☐ + ☐

6 = ☐ + ☐

7 = ☐ + ☐

7 = ☐ + ☐

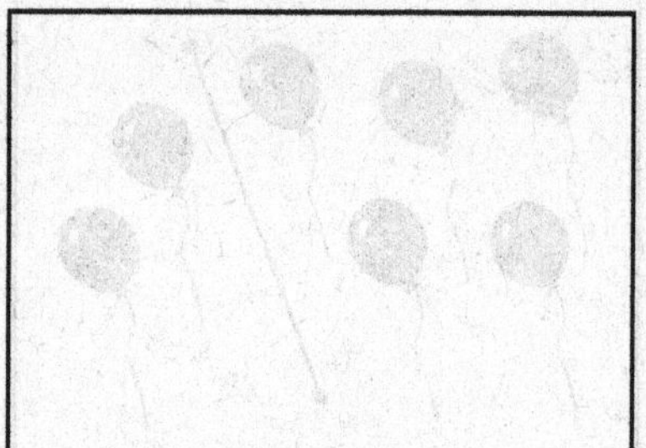

7 = ☐ + ☐

4-8
Haz la tarea

Nombre ____________________

Dibuja una línea para mostrar las dos partes. Escribe las partes.

6 = □ + □

6 = □ + □

6 = □ + □

5 = □ + □

5 = □ + □

10 = □ + □

10 = □ + □

10 = □ + □

10 = □ + □

10 = □ + □

4 = □ + □

4 = □ + □

En la siguiente página Haz tus propios dibujos de las partes de los números 5, 6, y 7. Escribe las partes.

Nombre

5 = ☐ + ☐

5 = ☐ + ☐

5 = ☐ + ☐

6 = ☐ + ☐

6 = ☐ + ☐

6 = ☐ + ☐

7 = ☐ + ☐

7 = ☐ + ☐

7 = ☐ + ☐

Nombre ____________________

1 Cuenta y escribe el número. Encierra en un círculo el número que es mayor.

(4)	1				

2 Cuenta y escribe el número. Encierra en un círculo el número que es menor.

3 Escribe los números del 1 al 20 en orden.

Nombre ______________________________

4 Dibuja líneas para emparejar. Encierra en un círculo los objetos que sobran. Escribe los números y compáralos. Escribe Ma para Mayor que y Me para Menor que.

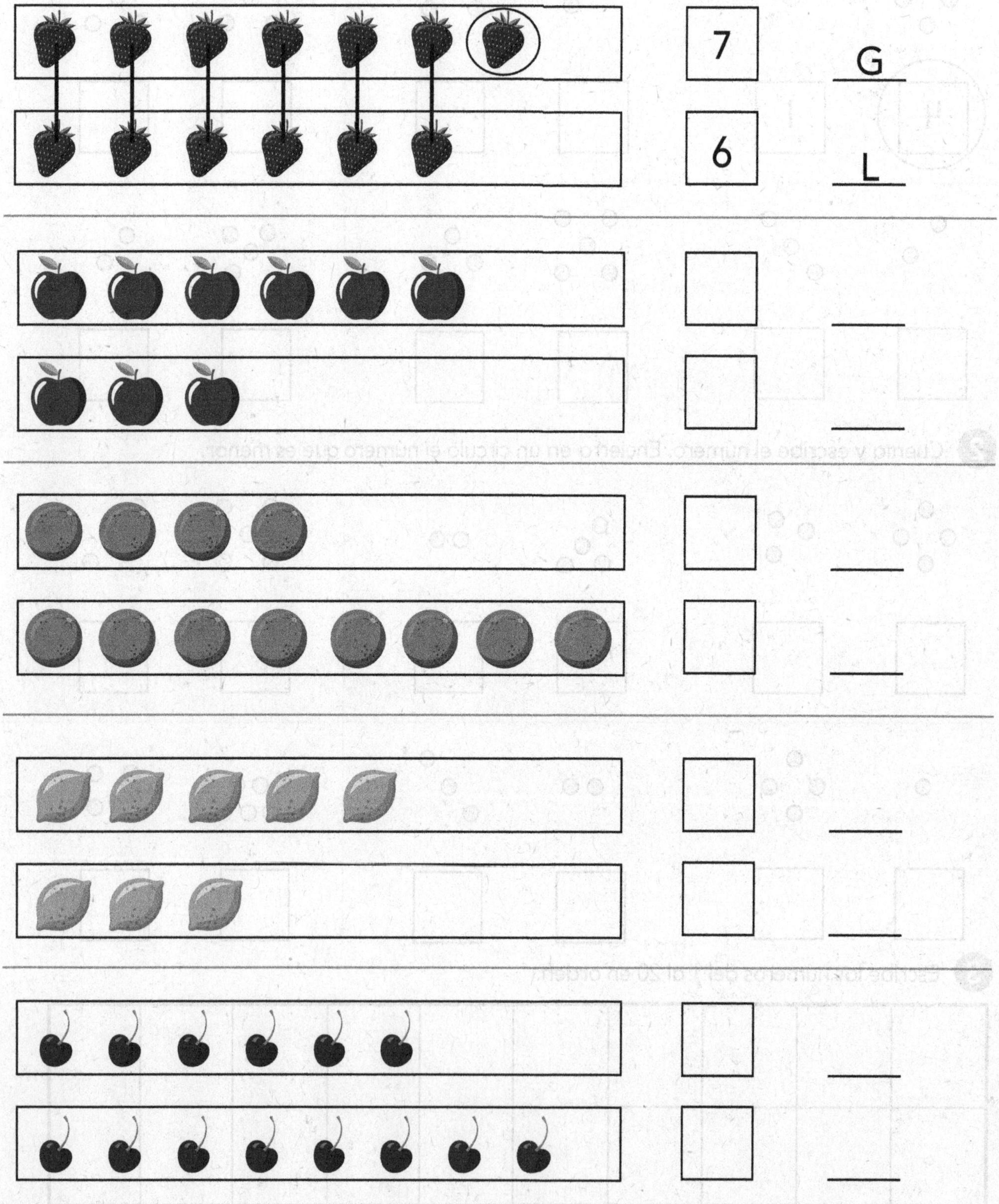

4-11
Haz la tarea

Nombre ____________________

Dibuja bolitas en las Montañas matemáticas.

6	6	6	6	6
1 5	2 4	3 3	4 2	5 1

2	5	5	5	5
1 1	1 4	2 3	3 2	4 1

3	3	4	4	4
1 2	2 1	1 3	2 2	3 1

10	10	10	10	10
5 5	6 4	7 3	8 2	9 1

Nombre ______________________________

Dibuja una línea para mostrar las partes. Escribe las partes.

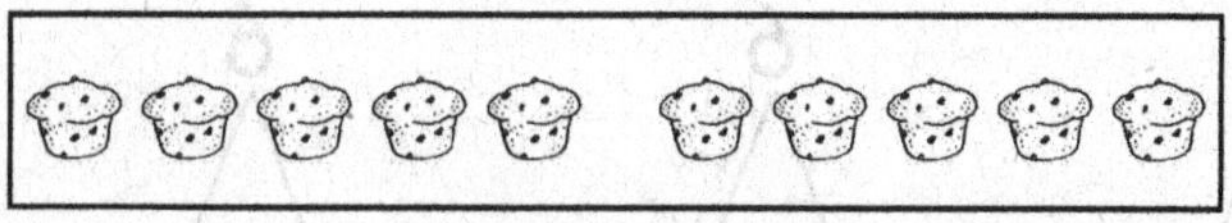

10 = ☐ + ☐

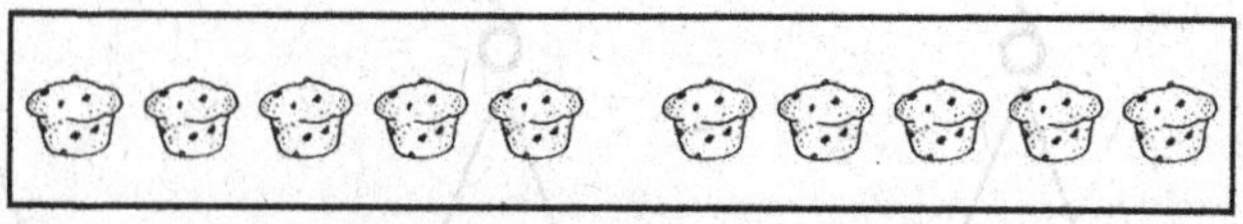

10 = ☐ + ☐

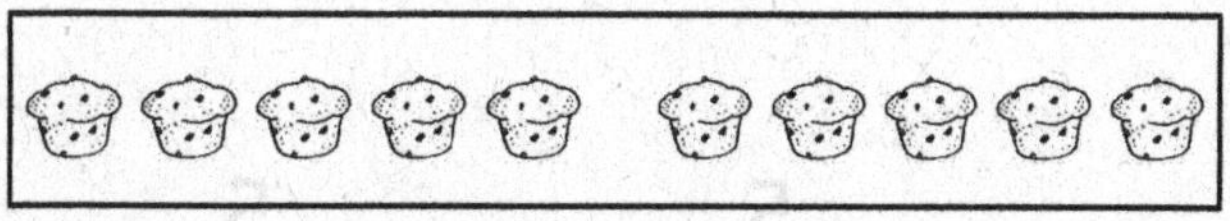

10 = ☐ + ☐

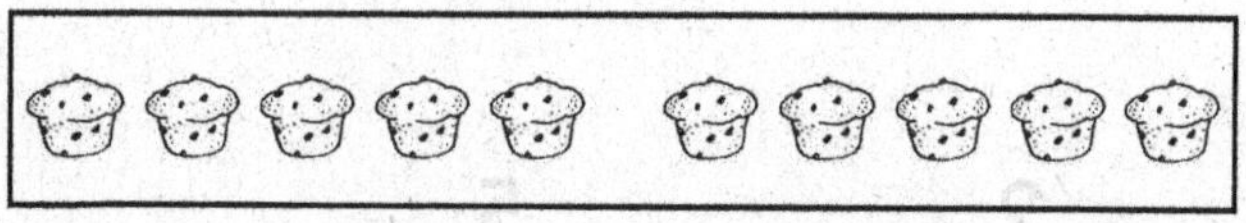

10 = ☐ + ☐

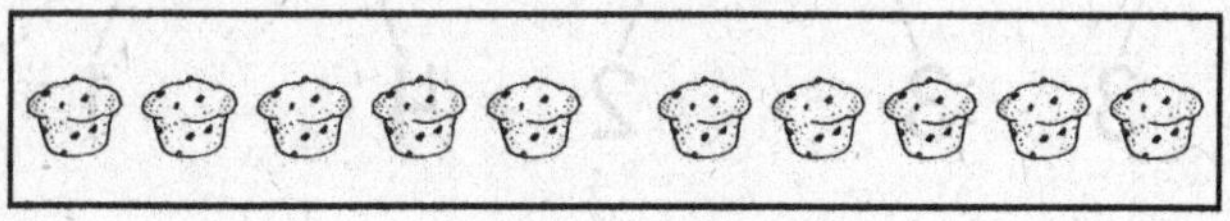

10 = ☐ + ☐

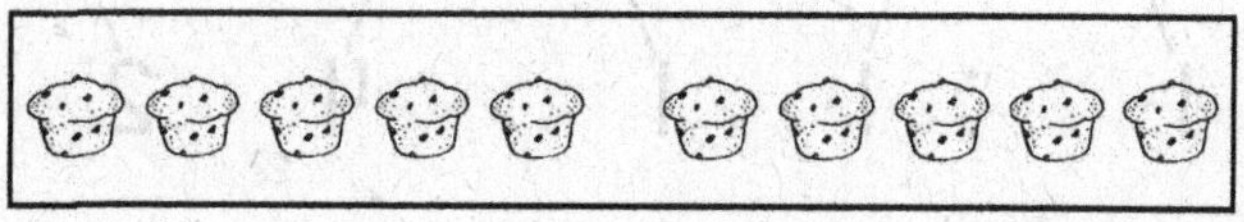

10 = ☐ + ☐

10 = ☐ + ☐

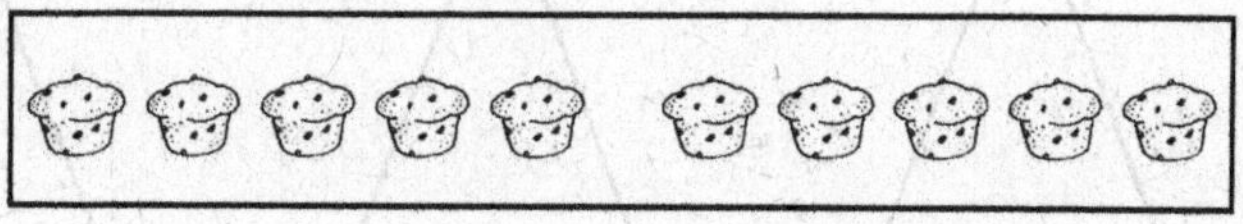

10 = ☐ + ☐

10 = ☐ + ☐

4-13
Haz la tarea

Nombre ______________________________

Dibuja bolitas en las Montañas matemáticas.

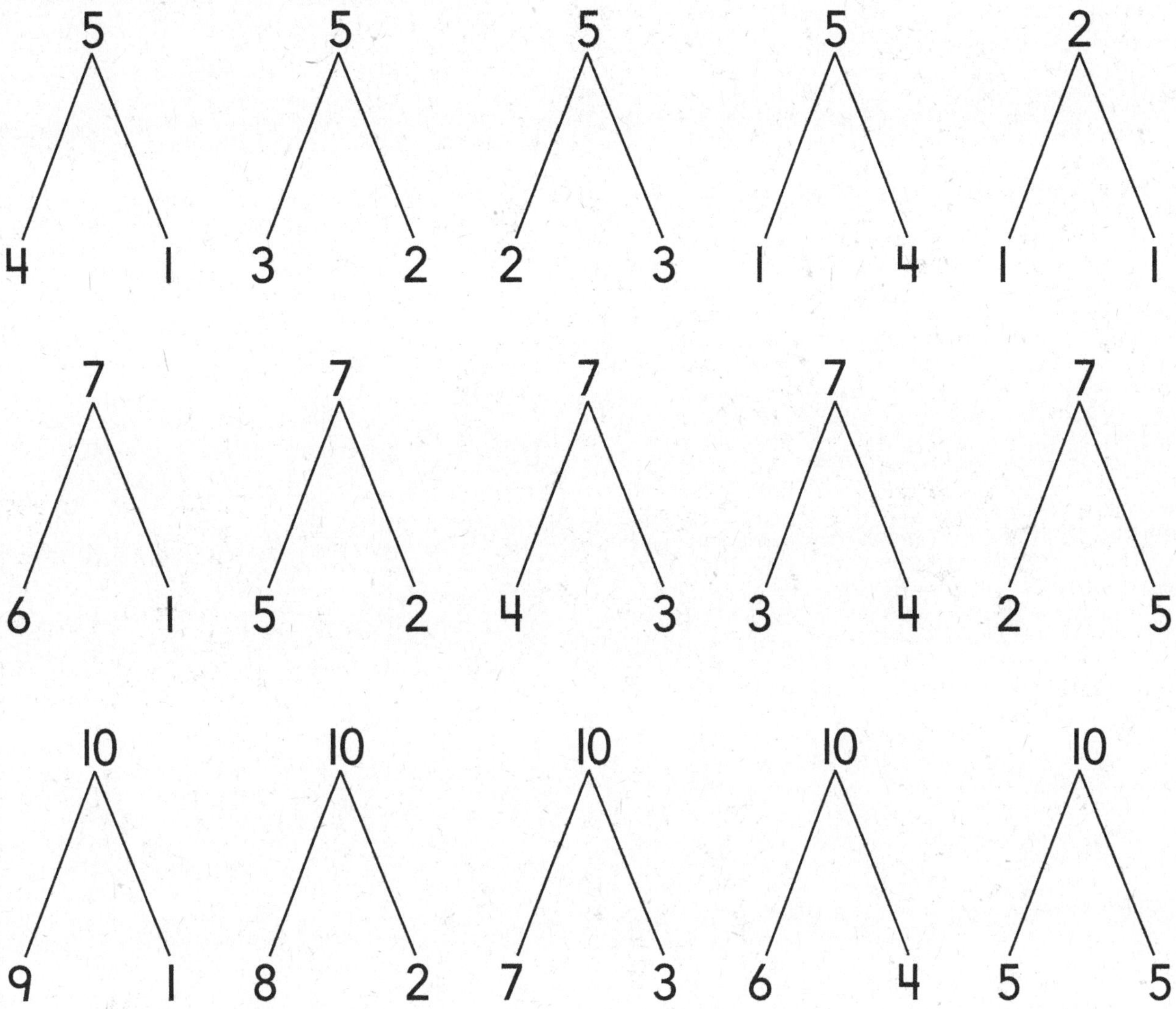

Escribe los números del 1 al 20.

En la siguiente página Haz un dibujo con cuadrados, círculos, triángulos y rectángulos.

Nombre

4-16
Haz la tarea

Nombre ______________________________

1 Dibuja líneas para unir las bolitas con el número correspondiente.

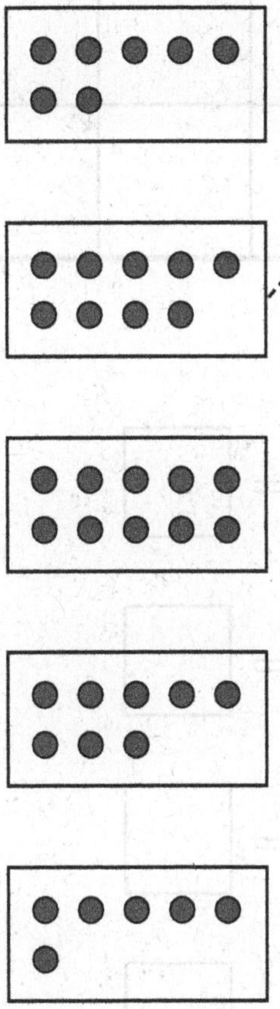

9

7

10

6

8

2 Empareja los números con las manos y con las bolitas correspondientes.

4

5

3

2

1

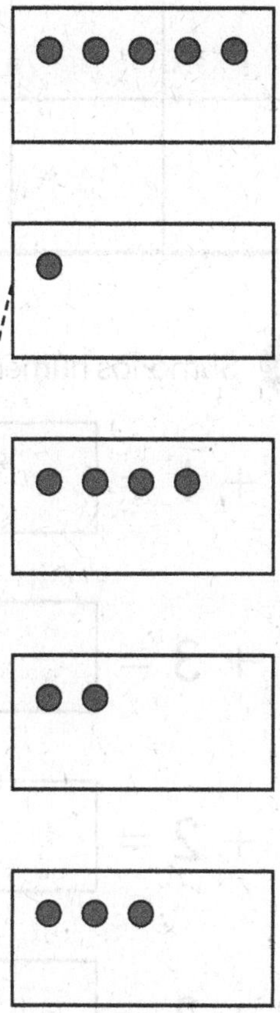

3 Conecta los puntos en orden.

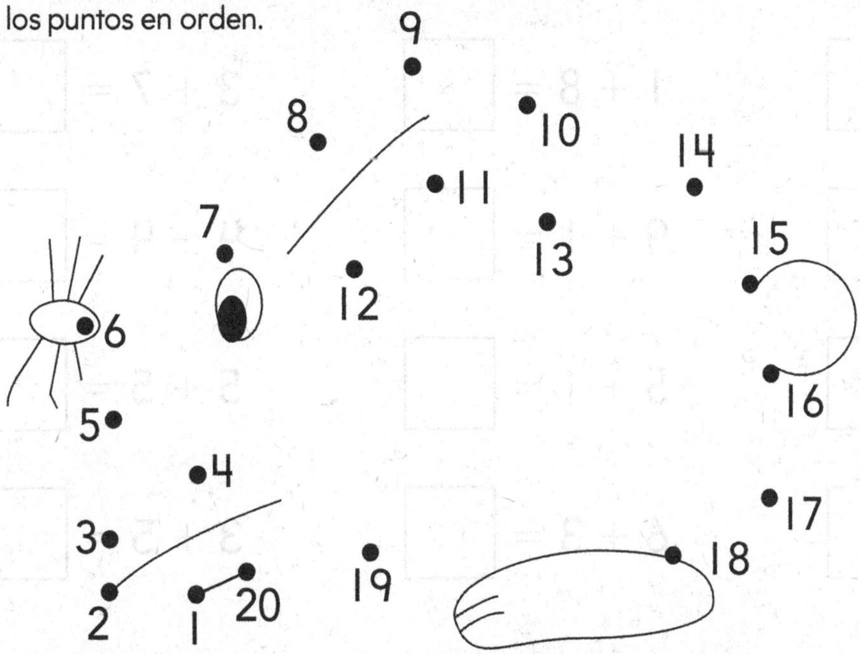

Nombre ____________________

4 Escribe los números del 1 al 20.

5 Suma los números.

4 + 1 = ☐

1 + 3 = ☐

1 + 2 = ☐

2 + 3 = ☐

1 + 5 = ☐

3 + 4 = ☐

4 + 3 = ☐

2 + 7 = ☐

2 + 3 = ☐

3 + 0 = ☐

2 + 2 = ☐

3 + 2 = ☐

1 + 8 = ☐

9 + 1 = ☐

5 + 1 = ☐

6 + 3 = ☐

3 + 1 = ☐

2 + 1 = ☐

1 + 3 = ☐

5 + 0 = ☐

3 + 7 = ☐

4 + 4 = ☐

5 + 5 = ☐

3 + 5 = ☐

Nombre ______________________________

1 Dibuja bolitas en las montañas matemáticas.

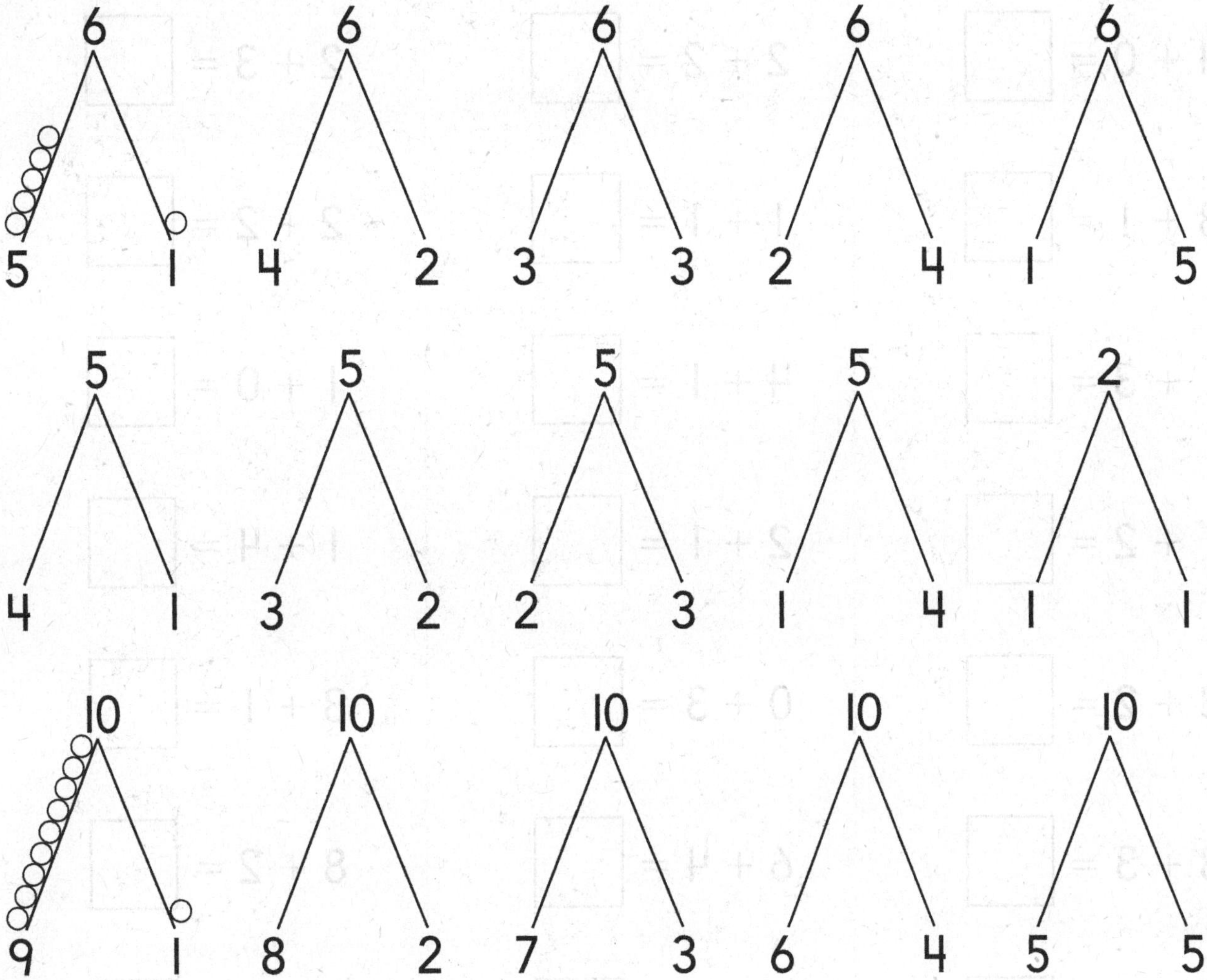

2 Escribe los números del 1 al 20.

Nombre ____________________

3 Suma los números.

$4 + 0 =$ ☐	$2 + 2 =$ ☐	$2 + 3 =$ ☐
$3 + 1 =$ ☐	$1 + 1 =$ ☐	$2 + 2 =$ ☐
$1 + 3 =$ ☐	$4 + 1 =$ ☐	$1 + 0 =$ ☐
$1 + 2 =$ ☐	$2 + 1 =$ ☐	$1 + 4 =$ ☐
$3 + 2 =$ ☐	$0 + 3 =$ ☐	$3 + 1 =$ ☐
$3 + 3 =$ ☐	$6 + 4 =$ ☐	$8 + 2 =$ ☐
$2 + 4 =$ ☐	$3 + 4 =$ ☐	$6 + 1 =$ ☐
$3 + 5 =$ ☐	$4 + 2 =$ ☐	$5 + 2 =$ ☐
$1 + 5 =$ ☐	$6 + 3 =$ ☐	$3 + 7 =$ ☐

4-19
Haz la tarea

Nombre ____________________

1 Suma los números.

2 + 2 = ☐	0 + 2 = ☐	1 + 2 = ☐
3 + 1 = ☐	1 + 4 = ☐	5 + 0 = ☐
2 + 3 = ☐	4 + 0 = ☐	1 + 3 = ☐
2 + 1 = ☐	0 + 5 = ☐	1 + 1 = ☐
3 + 2 = ☐	4 + 1 = ☐	2 + 3 = ☐

2 Conecta los puntos en orden.

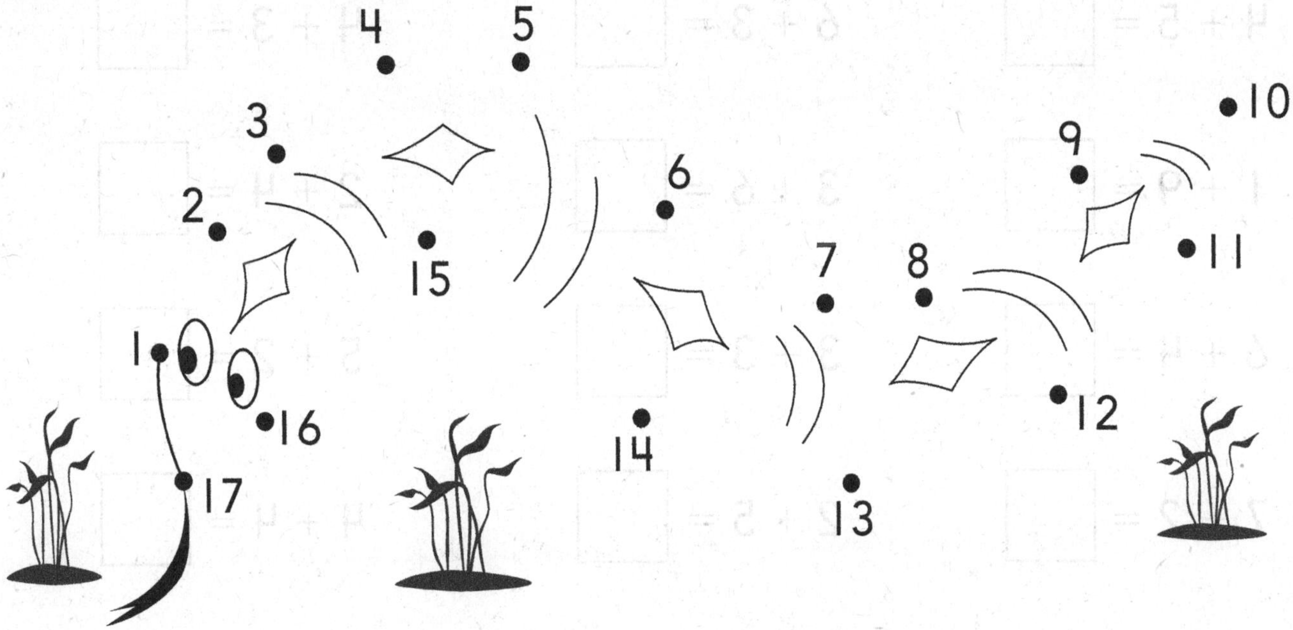

Nombre ______________________________

3 Suma los números.

$2 + 2 = \square$

$3 + 0 = \square$

$1 + 4 = \square$

$2 + 3 = \square$

$0 + 4 = \square$

$4 + 5 = \square$

$1 + 9 = \square$

$6 + 4 = \square$

$7 + 2 = \square$

$1 + 3 = \square$

$2 + 1 = \square$

$1 + 0 = \square$

$3 + 2 = \square$

$3 + 1 = \square$

$6 + 3 = \square$

$3 + 6 = \square$

$3 + 3 = \square$

$2 + 5 = \square$

$5 + 0 = \square$

$4 + 1 = \square$

$1 + 2 = \square$

$4 + 1 = \square$

$1 + 1 = \square$

$4 + 3 = \square$

$2 + 4 = \square$

$5 + 2 = \square$

$4 + 4 = \square$

5-2
Haz la tarea

Nombre ______________________

Cuenta las estrellas. Escribe el número.

____

____

____

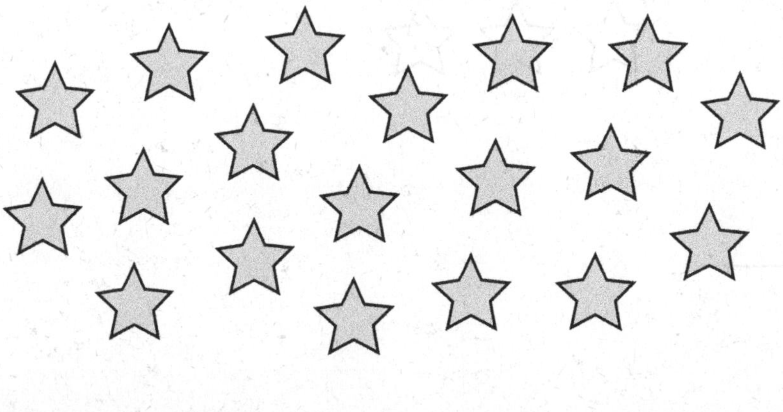

____

Nombre ______________________________

Cuenta las estrellas grises. Escribe el número.
Cuenta las estrellas blancas. Escribe el número.
Escribe cuántas estrellas hay en total.

_____ + _____ = _____

_____ + _____ = _____

_____ + _____ = _____

_____ + _____ = _____

5-4
Haz la tarea

Nombre ____________________

Encierra en un círculo el dibujo que sea un grupo de 10.
Escribe la ecuación con un grupo de decenas y más unidades.

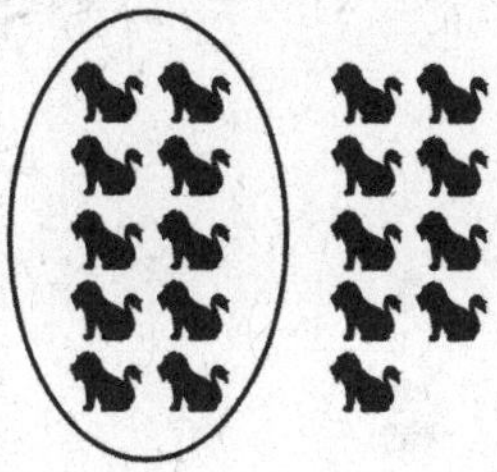

10 + 9 = 19

_____ + _____ = _____

_____ + _____ = _____

_____ + _____ = _____

_____ + _____ = _____

_____ + _____ = _____

_____ + _____ = _____

_____ + _____ = _____

En la siguiente página Elige un número del 11 al 19. Dibuja ese número de círculos. Forma un grupo de 10.

Nombre ____________________

5-5
Haz la tarea

Nombre ______________________

Suma los números. Usa tus dedos o haz un dibujo.

4 + 1 = ☐	3 + 3 = ☐	5 + 4 = ☐
3 + 2 = ☐	5 + 3 = ☐	2 + 2 = ☐
2 + 0 = ☐	4 + 2 = ☐	4 + 3 = ☐
5 + 2 = ☐	3 + 1 = ☐	5 + 1 = ☐
2 + 1 = ☐	4 + 0 = ☐	4 + 2 = ☐

¿Son iguales o no son iguales?
$=$ o $\neq$

3	2 + 1
2	2 + 2
1	3 + 2
4	1 + 3
5	3 + 0

¿Son iguales o no son iguales?
$=$ o $\neq$

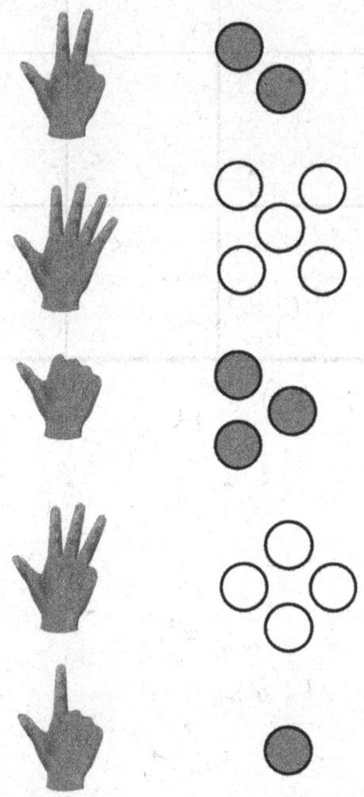

¿Son iguales o no son iguales?
$=$ o $\neq$

1	0 + 2
3	1 + 2
2	2 + 3
5	4 + 1
4	1 + 2

En la siguiente página Escribe los números del 1 al 100.

Nombre

1	2								10
11									
									100

5-7
Haz la tarea

Nombre ______________________________

Encierra en un círculo el grupo de 10. Escribe la decena y las unidades en cada ecuación.

10 + 3 = 13

______ + ______ = ______

______ + ______ = ______

______ + ______ = ______

______ + ______ = ______

______ + ______ = ______

______ + ______ = ______

______ + ______ = ______

______ + ______ = ______

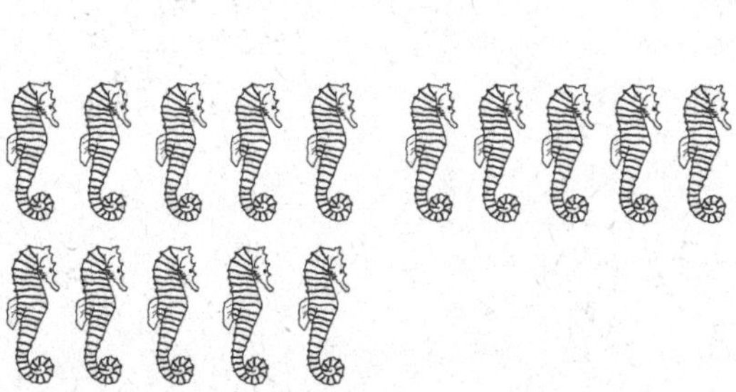

______ + ______ = ______

En la siguiente página Haz un dibujo con figuras.

Nombre ______________________________

5-8
Haz la tarea

Nombre ____________________

Dibuja bolitas en las montañas matemáticas.

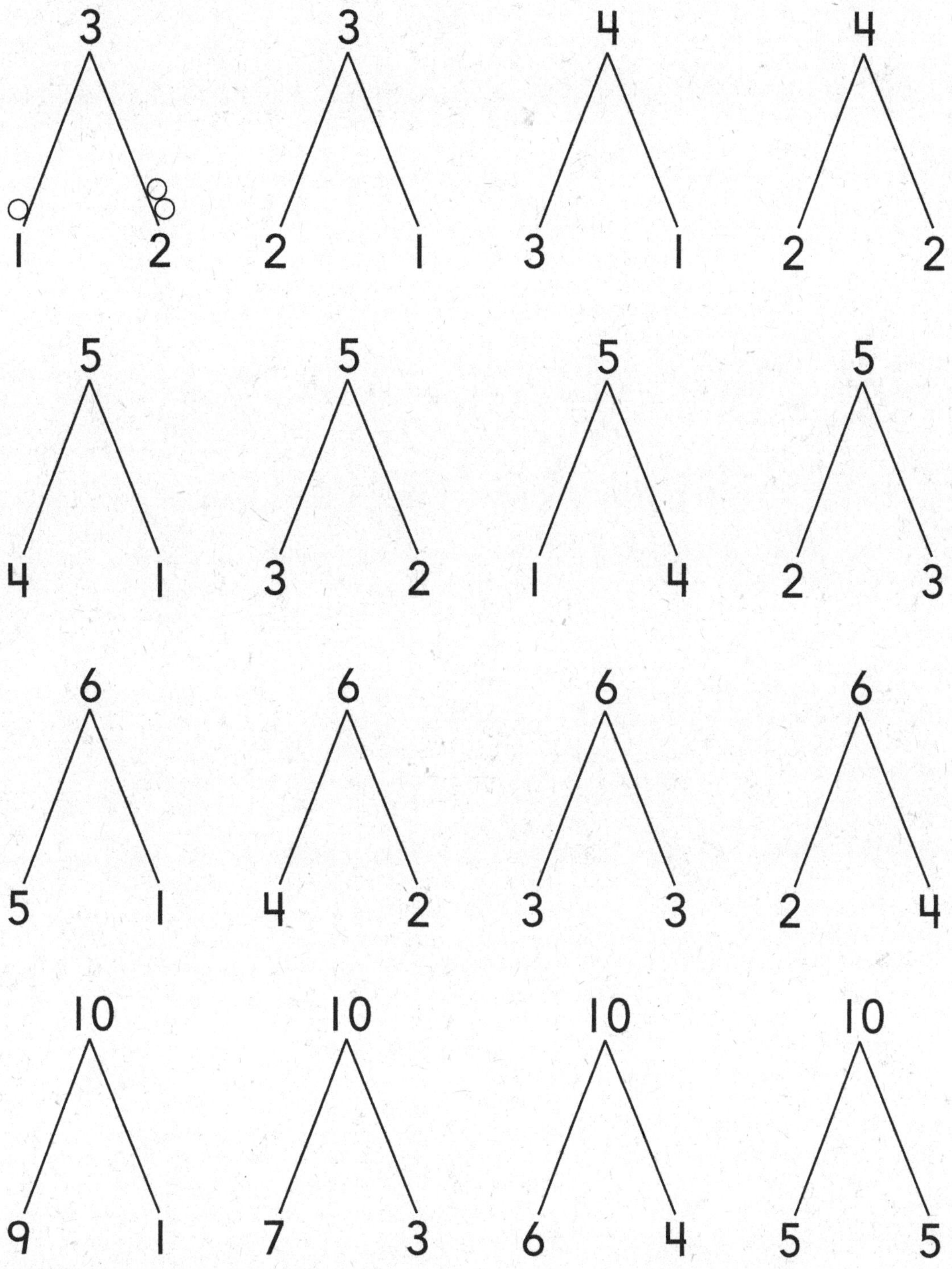

En la siguiente página Dibuja cuatro montañas matemáticas distintas para 8.

Nombre ____________________

5-9
Haz la tarea

Nombre ____________________

Dibuja círculos para mostrar cada número.
Escribe la decena y las unidades debajo de los círculos.

11	12	13	14	15	16	17	18	19	20
10 + 1	10 +	+	+	+	+	+	10 +	+	+

Completa las ecuaciones.

12 = 10 + ____ 14 = 10 + ____ 19 = 10 + ____ 15 = 10 + ____

16 = 10 + ____ 17 = 10 + ____ 18 = 10 + ____ 13 = 10 + ____

En la siguiente página Suma los números.

Nombre ____________________

1 + 0 = ☐	2 + 1 = ☐	2 + 3 = ☐
3 + 1 = ☐	2 + 2 = ☐	1 + 1 = ☐
4 + 1 = ☐	1 + 2 = ☐	3 + 2 = ☐
3 + 1 = ☐	1 + 4 = ☐	4 + 1 = ☐
1 + 3 = ☐	4 + 0 = ☐	1 + 2 = ☐
4 + 5 = ☐	3 + 4 = ☐	2 + 8 = ☐
1 + 7 = ☐	3 + 7 = ☐	4 + 4 = ☐
9 + 1 = ☐	8 + 2 = ☐	2 + 7 = ☐
1 + 5 = ☐	5 + 4 = ☐	4 + 2 = ☐

Nombre ______________________________

Dibuja bolitas en las Montañas matemáticas.
Escribe las partes.

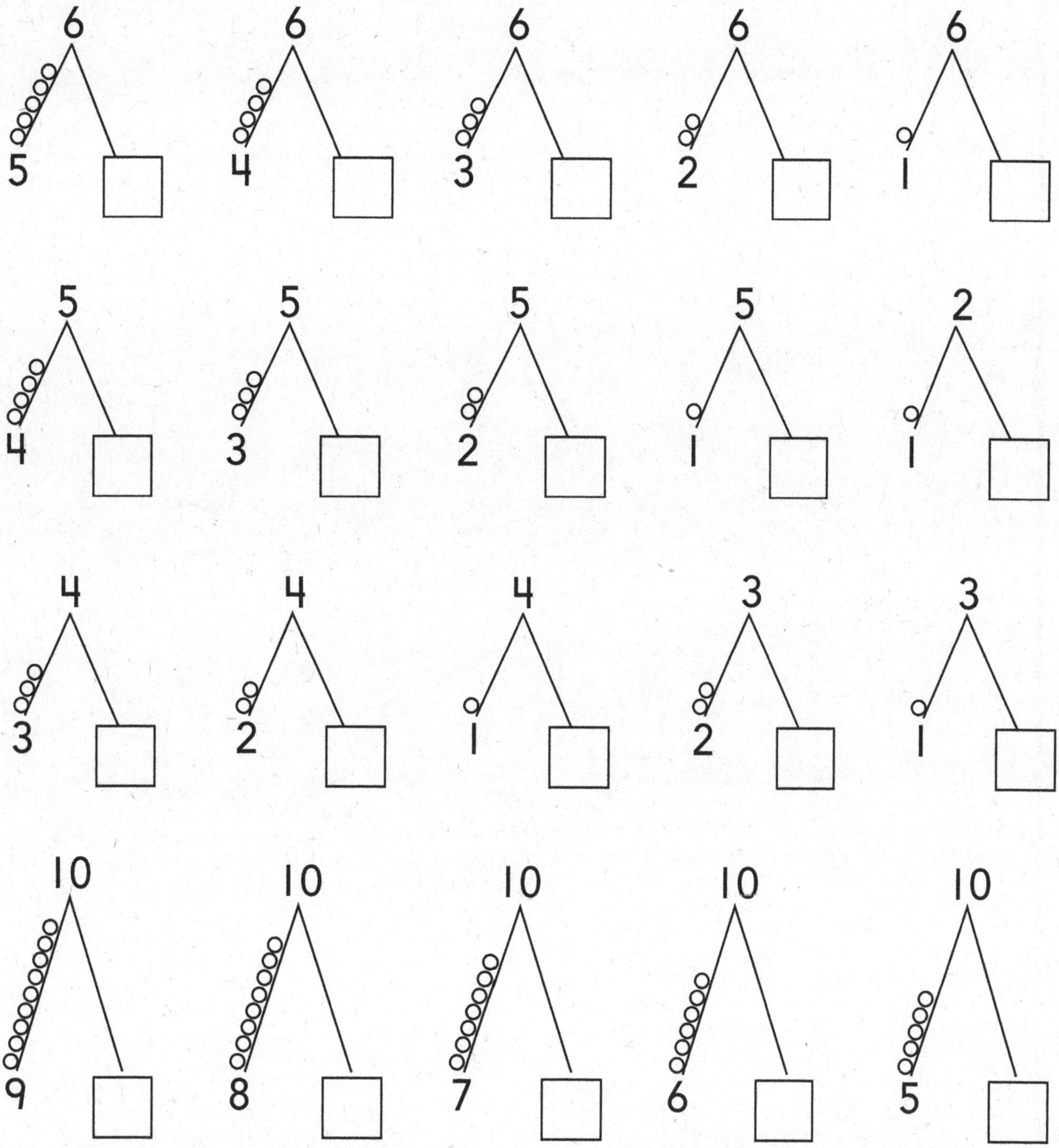

En la siguiente página Dibuja cuatro Montañas matemáticas distintas para 9.

Nombre

5-11
Haz la tarea

Nombre ____________________

Piensa en grupos de 5 para hallar los totales.
Colorea cada globo.

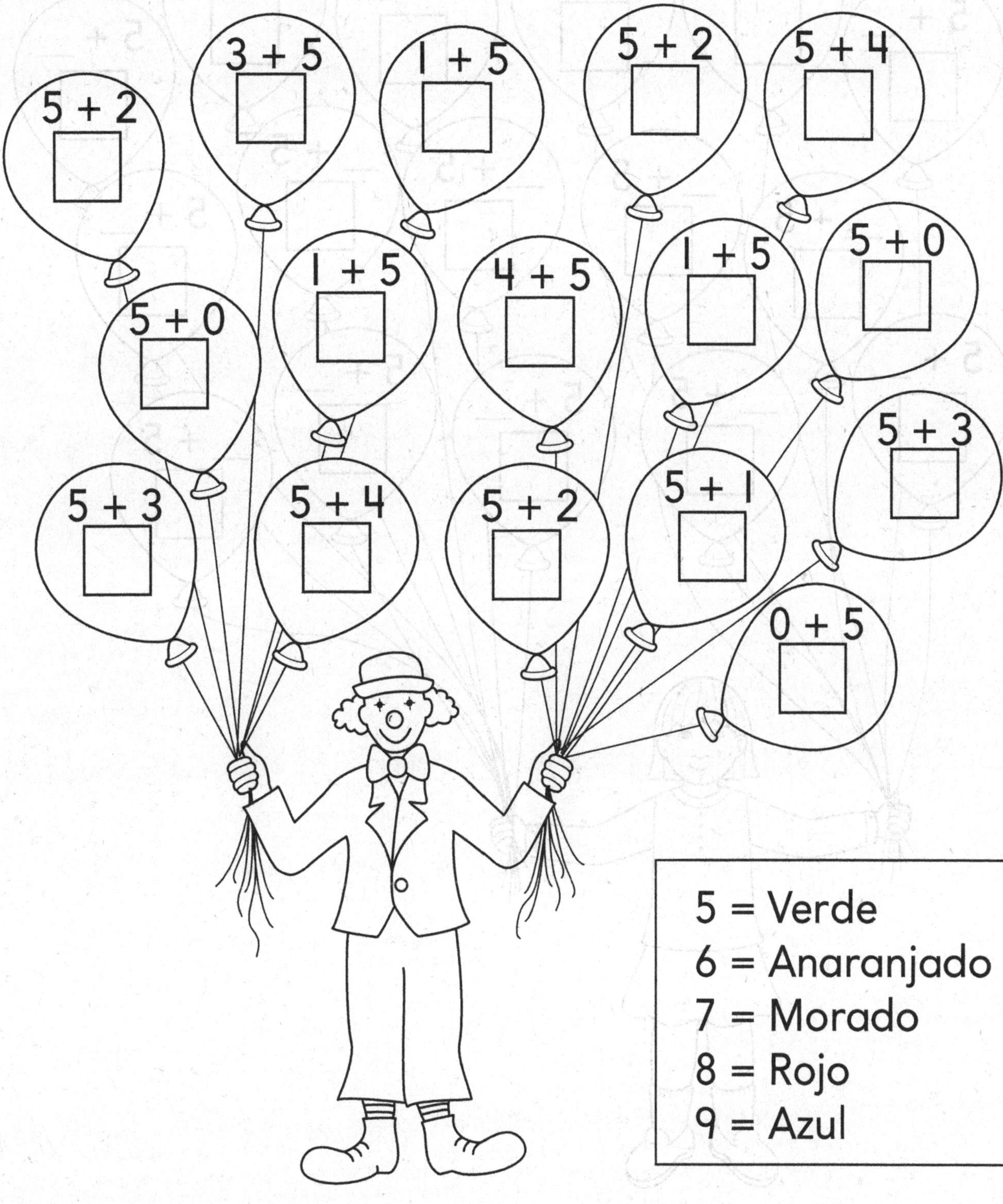

5 = Verde
6 = Anaranjado
7 = Morado
8 = Rojo
9 = Azul

En la siguiente página Crea y responde tus propios problemas con grupos de 5.

Nombre ______________________________

5-12
Haz la tarea

Nombre ______________________________

Resta los números. Usa tus dedos o haz un dibujo.

5 − 1 = ☐	5 − 3 = ☐	4 − 0 = ☐
5 − 2 = ☐	5 − 4 = ☐	2 − 1 = ☐
5 − 0 = ☐	4 − 3 = ☐	4 − 3 = ☐
4 − 2 = ☐	3 − 2 = ☐	5 − 1 = ☐
3 − 1 = ☐	3 − 0 = ☐	5 − 2 = ☐

Escribe el símbolo para mostrar si son iguales o no son iguales.
= o ≠

2 ≠ 0 + 1		5 ___ 1 + 4
1 ___ 3 + 1		3 ___ 2 + 3
3 ___ 2 + 1		4 ___ 3 + 2
5 ___ 2 + 3		1 ___ 2 + 1
4 ___ 3 + 0		2 ___ 0 + 2

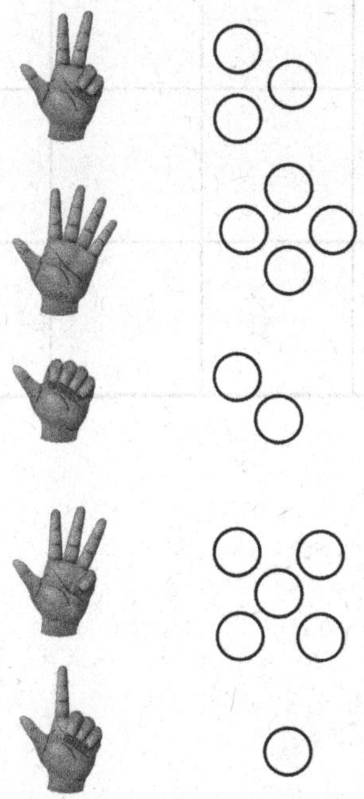

En la siguiente página Escribe los números del 1 al 100.

Nombre ______________________________

1	11								
2									
10									100

5-13 Haz la tarea

Nombre ______________________

Resta los números. Usa tus dedos o haz un dibujo.

4 − 1 = ☐	5 − 1 = ☐	4 − 2 = ☐
2 − 2 = ☐	4 − 0 = ☐	5 − 0 = ☐
3 − 0 = ☐	5 − 3 = ☐	4 − 3 = ☐
5 − 2 = ☐	3 − 2 = ☐	2 − 1 = ☐
3 − 1 = ☐	1 − 0 = ☐	5 − 5 = ☐

Escribe el símbolo para mostrar si son iguales o no son iguales.

= o ≠

	10 2 + 7	8 5 + 3
	6 4 + 2	6 4 + 3
	9 4 + 4	9 2 + 5
	7 2 + 6	7 1 + 6
	8 4 + 3	5 3 + 3

En la siguiente página Escribe los números del 1 al 100.

Nombre ______________________________

1	2								10
11									
21									
									100

5-15
Haz la tarea

Nombre ____________________

Dibuja bolitas. Escribe cuántas hay en cada Montaña matemática.

☐ 7 1	☐ 6 2	☐ 5 3	☐ 4 4
☐ 8 1	☐ 7 2	☐ 6 3	☐ 5 4

☐ 9 1	☐ 8 2	☐ 7 3	☐ 6 4	☐ 5 5

En la siguiente página Resta los números.

Nombre ______________________

Resta los números.

$4 - 3 = \square$

$3 - 1 = \square$

$4 - 2 = \square$

$5 - 4 = \square$

$2 - 1 = \square$

$7 - 6 = \square$

$8 - 4 = \square$

$10 - 5 = \square$

$8 - 5 = \square$

$10 - 8 = \square$

$2 - 2 = \square$

$5 - 2 = \square$

$4 - 1 = \square$

$3 - 1 = \square$

$1 - 0 = \square$

$8 - 2 = \square$

$9 - 6 = \square$

$9 - 8 = \square$

$6 - 2 = \square$

$9 - 3 = \square$

$5 - 1 = \square$

$0 - 0 = \square$

$5 - 3 = \square$

$4 - 0 = \square$

$3 - 3 = \square$

$10 - 7 = \square$

$7 - 2 = \square$

$8 - 3 = \square$

$7 - 4 = \square$

$10 - 6 = \square$

5-16
Haz la tarea

Nombre ______________________

Escribe los números y compáralos.
Escribe Ma para **Mayor que** y Me para **Menor que**.
Tacha las figuras que sobran para que los grupos sean **iguales**.

❶
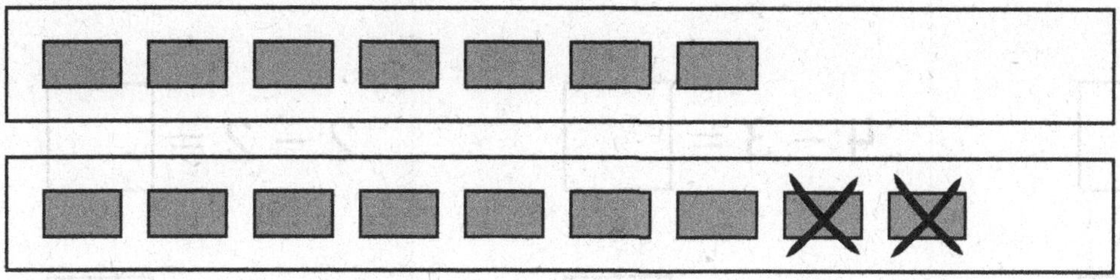
7 L
9 G

❷
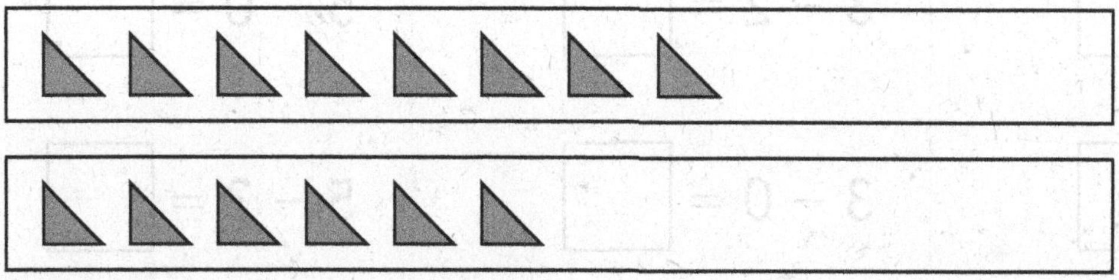

❸
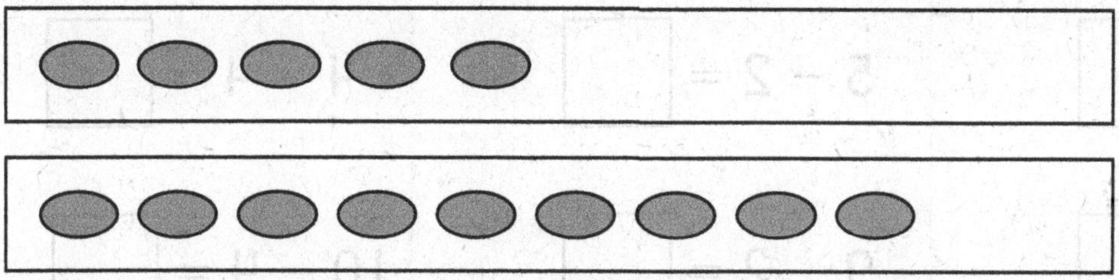

❹
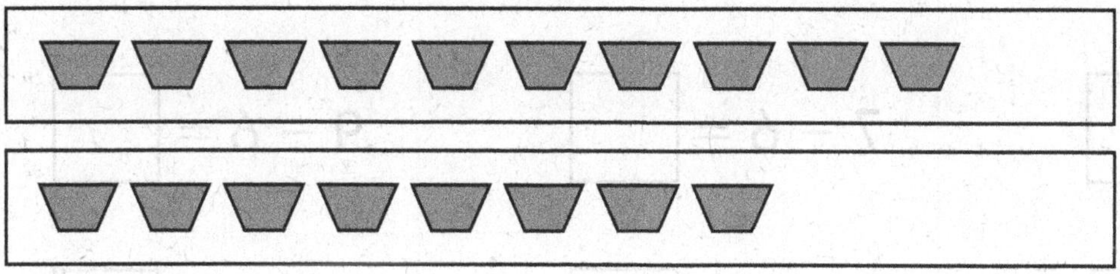

❺
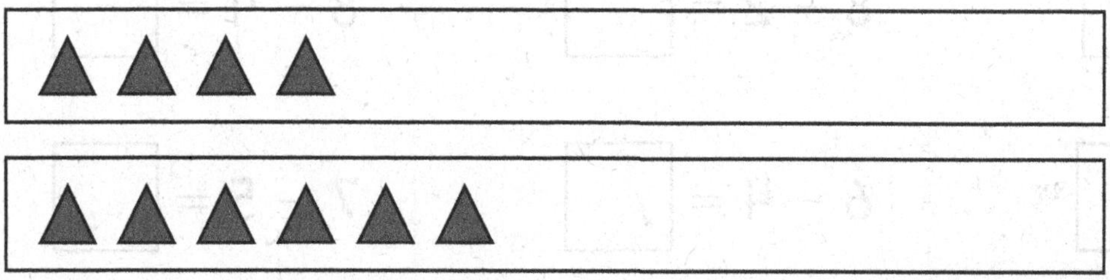

En la siguiente página Resta los números.

Nombre ______________________________

Resta los números.

$4 - 2 = \square$

$2 - 1 = \square$

$5 - 1 = \square$

$4 - 1 = \square$

$5 - 4 = \square$

$8 - 5 = \square$

$7 - 4 = \square$

$10 - 3 = \square$

$7 - 1 = \square$

$10 - 7 = \square$

$3 - 1 = \square$

$4 - 3 = \square$

$3 - 2 = \square$

$3 - 0 = \square$

$5 - 2 = \square$

$9 - 2 = \square$

$7 - 6 = \square$

$8 - 2 = \square$

$6 - 4 = \square$

$9 - 3 = \square$

$5 - 3 = \square$

$2 - 2 = \square$

$5 - 0 = \square$

$5 - 3 = \square$

$4 - 4 = \square$

$10 - 4 = \square$

$9 - 6 = \square$

$8 - 4 = \square$

$7 - 5 = \square$

$10 - 6 = \square$

5-17
Haz la tarea

Nombre ______________________________

Resta los números.

3 − 2 = ☐	5 − 2 = ☐	8 − 4 = ☐
2 − 1 = ☐	3 − 1 = ☐	6 − 2 = ☐
5 − 1 = ☐	8 − 1 = ☐	4 − 0 = ☐
4 − 4 = ☐	9 − 3 = ☐	9 − 1 = ☐
10 − 1 = ☐	5 − 3 = ☐	4 − 2 = ☐
6 − 4 = ☐	7 − 2 = ☐	2 − 2 = ☐
7 − 4 = ☐	9 − 4 = ☐	6 − 1 = ☐
10 − 4 = ☐	6 − 1 = ☐	10 − 2 = ☐
7 − 3 = ☐	6 − 5 = ☐	8 − 2 = ☐

En la siguiente página Dibuja dos grupos iguales de triángulos.

Nombre